COMITÉ CENTRAL DE SECOURS

AUX

FAMILLES DES VICTIMES

DE

LA CATASTROPHE DE COURRIÈRES

(10 MARS 1906)

COMPTE RENDU

DES OPÉRATIONS DU COMITÉ

PARIS

IMPRIMERIE NATIONALE

MDCCCCVIII

COMITÉ CENTRAL DE SECOURS

AUX

FAMILLES DES VICTIMES

DE

LA CATASTROPHE DE COURRIÈRES

(10 MARS 1906)

COMITÉ CENTRAL DE SECOURS

AUX

FAMILLES DES VICTIMES

DE

LA CATASTROPHE DE COURRIÈRES

(10 MARS 1906)

COMPTE RENDU

DES OPÉRATIONS DU COMITÉ

PARIS

IMPRIMERIE NATIONALE

MDCCCCVIII

COMITÉ CENTRAL DE SECOURS

AUX FAMILLES DES VICTIMES

DE LA CATASTROPHE DE COURRIÈRES

(10 MARS 1906).

COMPTE RENDU

DES OPÉRATIONS DU COMITÉ.

1. Constitution du Comité départemental et du Comité central de secours. — Le 10 mars 1906, une effroyable nouvelle semait l'épouvante non seulement en France, mais à l'étranger. Onze cents mineurs[1] venaient de périr victimes d'un « coup de poussières » dans les fosses 2, 3 et 4 des mines de Courrières, qui jusqu'alors comptaient parmi les plus sûres du bassin du Pas-de-Calais, réputé lui-même l'un des moins dangereux[2]. L'explosion et la chasse des gaz méphitiques avaient balayé 110 kilomètres de galeries.

Jamais pareille catastrophe ne s'était produite dans aucune exploitation souterraine. Jamais l'histoire minière, dont tant de pages sont cependant assombries par des accidents, n'avait eu à enregistrer une telle hécatombe.

L'immense désastre qui jetait ainsi un voile de deuil sur le pays tout entier eut du moins pour effet de donner le spectacle consolateur d'un admirable mouvement de solidarité nationale, de solidarité humaine. À la stupeur des premiers instants succédèrent, au delà comme en deçà de nos frontières, les manifestations les plus touchantes d'une pitié profonde et d'une inépuisable générosité.

(1) Dont cinq cent cinquante-six pères de famille.

(2) Voir à l'*Annexe 1* la répartition des victimes par commune.

Dès le lendemain du sinistre, sous l'impulsion d'un merveilleux élan de charité, les secours affluèrent, envoyés notamment par les pouvoirs publics, le Syndicat de la presse parisienne, le Comité des houillères de France, la Compagnie des mines de Courrières, les conseils municipaux de Lens et de Bruay. Réuni le 12 mars, afin d'examiner les mesures propres à venir en aide aux familles des victimes, le Syndicat de la presse parisienne décidait d'ouvrir une souscription publique dont les listes seraient publiées quotidiennement dans les journaux. La Banque de France et les grands établissements de crédit recevaient les dons à leurs guichets et s'inscrivaient pour des sommes élevées.

Le 13 mars, à l'issue des premières cérémonies funèbres, le préfet du Pas-de-Calais assembla à la mairie de Lens les sénateurs et les députés du bassin houiller et de l'arrondissement d'Arras, ainsi que toutes les autorités administratives et militaires. Dans cette assemblée fut résolue la formation d'un comité chargé de distribuer les secours d'urgence. Ce comité, comprenant les personnalités les plus éminentes du département et présidé par le préfet [1], se mit immédiatement à l'œuvre. Il disposait, à la préfecture et dans les mairies, des organes nécessaires pour procéder aux enquêtes sur la composition des familles à secourir et pour effectuer les opérations matérielles de distribution.

Cependant les souscriptions se multipliaient; leur importance croissante et l'universalité du généreux mouvement provoqué par la catastrophe conduisirent le Gouvernement à penser qu'un contrôle particulièrement élevé s'imposait en la circonstance. Il prit donc le parti d'instituer un Comité central, où seraient appelés les représentants autorisés des grandes administrations, les présidents des principales associations de presse, les mandataires les plus qualifiés de la région de Courrières, et de lui confier la centralisation des fonds recueillis, la détermination d'un plan méthodique pour

[1] Voir à l'*Annexe* 2 la composition du Comité départemental.

la répartition de ces fonds et l'étude des moyens les plus sûrs pour en tirer le maximum d'utilité. Des arrêtés du Ministre de l'intérieur, en date des 21, 24 et 27 mars 1906, constituèrent le Comité central, sous la présidence de M. Émile Loubet, ancien Président de la République [1].

Le Comité départemental, en contact avec les sinistrés, gardait la charge des allocations d'urgence et devait, par l'attribution d'acomptes suffisants, faire en sorte que nul ne restât dans le besoin pendant la période d'instruction préalable à la répartition définitive des fonds souscrits.

2. **Importance de la souscription.** — Tandis que le Comité central élaborait son règlement pour l'attribution des secours, une noble émulation poussait toutes les classes de la société à réparer le plus complètement possible les conséquences matérielles du désastre. Au crédit de 500,000 francs ouvert par une loi du 14 mars 1906 venaient s'ajouter les produits de la souscription nationale. La presse parisienne et départementale, fidèle à l'inlassable dévouement dont elle témoigne lors des calamités publiques, prêtait au Comité central le concours le plus actif, assurait à ses communications la publicité la plus efficace [2], stimulait les initiatives privées, s'y associait largement. D'innombrables souscriptions particulières, souvent émouvantes dans leur expression, s'unissaient aux souscriptions collectives. À côté des crédits magnanimement votés par les conseils généraux, par les conseils municipaux, par les chambres de commerce, d'abondantes collectes s'organisaient grâce à des comités locaux, à des sociétés d'éducation ou de conférences, à des sociétés de secours mutuels ou de retraites, à des coopératives. Les associations amicales d'instituteurs, d'employés, de vétérans, d'anciens élèves, apportaient leur contribution. Des quêtes

[1] Voir à l'*Annexe 3* la composition du Comité central.

[2] Le Comité central faisait, d'autre part, insérer au *Journal officiel* les listes nominatives des souscriptions par lui reçues.

étaient effectuées dans les écoles, les ateliers, les régiments, les services publics. Plusieurs maisons de banque faisaient circuler des listes parmi leurs clients. Diverses compagnies industrielles et commerciales, différentes chambres syndicales prodiguaient leurs dons. Partout avaient lieu des représentations et des fêtes de bienfaisance.

L'élan n'était pas moindre en Algérie et dans nos colonies ou possessions que dans la métropole.

Ceux de nos nationaux qui résident hors de France s'empressaient de répondre à l'appel soit des chambres de commerce ou des sociétés de bienfaisance autour desquelles ils se groupent, soit de nos agents diplomatiques, d'affirmer leur attachement à la mère patrie, de faire parvenir leur obole à des compatriotes dans la détresse.

Mais nous ne fûmes pas seuls à donner aux familles des victimes les preuves d'une fraternelle sympathie. Notre douleur trouva un écho dans le cœur des autres peuples. Éprouvés ou non par les accidents encore trop fréquents dans le travail de la mine, ils voulurent concourir au soulagement de tant de misères. C'est un devoir pour le Comité central de ne pas se borner à des remerciements individuels, d'attester publiquement la gratitude de notre pays tant envers les initiateurs des souscriptions à l'étranger qu'envers ceux de leurs concitoyens qu'ils entraînèrent à leur suite. Le Comité ne saurait omettre, dans le témoignage de sa reconnaissance, les colonies étrangères en France : ces colonies surent, une fois de plus, dire avec une singulière éloquence par quels liens étroits elles nous sont unies.

La nation anglaise, dont l'amitié s'était déjà si utilement manifestée au lendemain d'autres événements douloureux, tint entre toutes à secourir généreusement la population minière de l'autre côté du détroit. Ses souverains donnèrent l'exemple. Des souscriptions patronées par l'Ambassade de France, par le Lord-Maire de Manchester, par la Fédération des mineurs, par le groupe des

Trade Unions, etc., furent extrêmement productives; aux sommes ainsi recueillies se joignirent de nombreuses libéralités particulières. Nos voisins poussèrent l'ingéniosité charitable jusqu'à chercher des ressources dans une vente fructueuse de pigeons voyageurs, sous la direction d'un organe important de colombophilie à Manchester. Les colonies britanniques (l'Australie, l'Inde, Malte, Maurice) suivirent le sillage de l'Angleterre.

En Belgique, pays minier, dont tant d'ouvriers travaillent aux côtés des nôtres dans les houillères du Nord de la France, il sembla que le désastre de Courrières fût un désastre national. La presse belge fit sienne la cause des familles frappées par le malheur. De la famille royale, ainsi que de toutes les provinces et notamment de la région liégeoise, arrivèrent des subsides précieux.

Dans le beau pays d'Alsace-Lorraine, des municipalités, des journaux, des banques récoltèrent une riche moisson, dont le prix, à nos yeux, était encore accru par son origine.

On sait les efforts déployés, dans les tentatives de sauvetage, par la vaillante équipe de la mine Hibernia. Cet appui matériel de l'Allemagne, si hautement et si justement apprécié, se doubla d'un puissant concours pécuniaire dont le mérite revient au syndicat des houillères de Westphalie, à diverses grandes entreprises industrielles, aux mineurs, à des villes, à des sociétés pour la paix, à des lycées de jeunes filles, à des particuliers, etc.

Malgré l'éloignement de l'Italie, le contre-coup de la catastrophe y fut vivement ressenti. Il se traduisit par un mouvement chaleureux auquel participèrent de grandes villes comme Rome ou Venise, des bourgades, des chambres de commerce, des caisses d'épargne, des sociétés ouvrières, des journaux, des universités, des écoles secondaires et techniques, le personnel gouvernemental ou privé des mines, etc.

Le sinistre eut également sa répercussion au delà des Pyrénées, spécialement en Catalogne et, d'une manière plus générale, parmi les sociétés minières ainsi que parmi les ouvriers du royaume d'Espagne.

Comment la Russie serait-elle restée insensible aux tristesses de son alliée? Saint-Pétersbourg, la Finlande, le congrès minier et métallurgique réuni à Charkov se distinguèrent par l'étendue de leurs sacrifices.

Il n'est que juste de rendre hommage à la Suisse, à son Conseil fédéral, à plusieurs de ses laborieuses cités et de ses journaux. Les membres du Conseil d'État du Tessin abandonnèrent une partie de leur indemnité de session.

La Turquie, la Hollande, la Roumanie associèrent leur action à celle de leurs souverains; l'Autriche-Hongrie, et notamment les municipalités de Vienne et de Budapest, le Levant et l'Arménie où la France a conservé de si sincères affections, l'Égypte, la Suède, le Danemark, la Grèce, la Serbie, l'Amérique prirent amplement leur part de l'œuvre réparatrice.

Dans l'ensemble, les sommes dont le Comité central allait avoir la disposition devaient atteindre le total de 7,500,000 francs (exactement 7,498,851 fr. 63).

D'autres concours ne peuvent être passés sous silence : ceux des particuliers ou des sociétés qui, préoccupés par-dessus tout du sort de l'enfance, s'attachèrent à assurer un peu de sécurité et de bien-être aux orphelins laissés dans le dénuement. Nombreux furent les enfants transportés gratuitement par la Compagnie des chemins de fer du Nord, sur la demande du Comité, et reçus temporairement dans des colonies de vacances par des associations telles que la Ligue française de l'enseignement et l'Œuvre de la Chaussée du Maine. Quelques-uns trouvèrent place dans des orphelinats ou des patronages.

Outre cette somme d'efforts financiers ou moraux dont le Comité central eut à connaître dans l'accomplissement de sa tâche, il convient de mentionner, pour ne rien omettre, les libéralités qui donnèrent lieu à des distributions directes, comme celles de l'Évêché d'Arras, des Sociétés de la Croix-Rouge, des syndicats ouvriers, de divers journaux. Les renseignements précis sur l'importance et l'emploi de ces libéralités font défaut. Elles furent certainement considérables; car, pour certaines communes, les personnes les plus autorisées ont cru pouvoir évaluer à 1,200 francs les allocations correspondantes par foyer sinistré.

3. Règlement pour l'attribution des secours. — Dans sa séance du 4 mai 1906, le Comité central arrêta un règlement dont l'objet était de déterminer les bases des allocations à chaque catégorie d'intéressés, de permettre ainsi la répartition définitive des fonds recueillis et de fixer la forme sous laquelle les secours seraient remis aux bénéficiaires. Il ne sera pas inutile de rappeler quelles furent les idées directrices de ce règlement[1].

La loi du 9 avril 1898 « concernant les responsabilités des accidents dont les ouvriers sont victimes dans leur travail » assurait de plein droit aux familles des ouvriers décédés et aux ouvriers frappés d'incapacité temporaire ou permanente des indemnités à la charge de la Compagnie des mines de Courrières. Tout en s'inspirant des dispositions de cette loi, le Comité central devait adopter un cadre plus souple et plus élastique, prévoir des situations ignorées à dessein par le législateur, tempérer et corriger la rigueur des solutions juridiques, laisser un plus libre cours à la charité.

D'autre part, le Comité central ne pouvait davantage consolider simplement les règles admises à Arras pour l'attribution des secours d'urgence. Obligé de pourvoir sans délai à des nécessités pressantes, ne disposant pas du temps qu'eussent exigé des études quelque peu approfondies, tenu de se borner à des constatations rapides et indiscutables, le Comité départemental avait secouru individuellement, par la délivrance de subsides établis d'après un barème, les proches parents des victimes et les personnes ayant eu

[1] Voir le texte du règlement à l'*Annexe 4*.

avec elles des liens étroits (veuves ou femmes ayant vécu maritalement; père et mère, ou, à défaut, grand-père et grand'mère; orphelins; frères et sœurs; chefs de famille, chez lesquels étaient placés des pupilles de l'Assistance publique disparus dans la catastrophe).

Le Comité central estima que les allocations définitives devaient tendre surtout à réparer, pour chaque famille, les pertes matérielles résultant de la privation du salaire qui faisait vivre ses membres. Dès lors, la famille ou plus exactement le foyer devint le pivot du système de répartition auquel il s'arrêta.

Aux termes du règlement, l'attribution des secours était effectuée par *foyer* et basée sur la constitution *de fait* de la famille dépendant de ce foyer. Entraient en compte : 1° toutes les personnes habitant avec la victime antérieurement au sinistre et étant à sa charge, sans qu'il fût besoin de justifier d'un lien légal de parenté; 2° les descendants et ascendants qui, sans habiter avec la victime, étaient cependant à sa charge.

Pour les familles des ouvriers décédés, le secours comprenait une allocation collective et uniforme par foyer, versée au nouveau chef de famille, et des allocations personnelles à la femme, aux enfants et autres descendants, aux ascendants, aux frères, sœurs ou autres personnes à la charge de la victime. Les secours immédiats s'imputaient, à titre d'acompte, sur l'allocation collective. Outre son allocation personnelle, le nouveau chef de famille recevait un supplément proportionné au nombre des enfants restant à sa charge et variable avec leur âge.

L'impossibilité de prévoir, lors de l'élaboration du règlement, le montant final de la souscription et de supputer, même approximativement, le nombre des bénéficiaires, empêchait l'indication immédiate de la somme par laquelle se traduirait chacune des allocations. Aussi le Comité central dut-il prendre une unité provisoire et exprimer ces allocations en *parts*, *demi-parts* ou *quarts de part*.

Le barème était le suivant :

Pour le foyer, allocation collective de	2 parts.
Pour la femme	2 —
Par enfant non orphelin de mère	1 part.
Par enfant orphelin de mère	1 part 1/2
Par descendant autre que l'enfant	1 part.
Par ascendant	1 —
Par frère, sœur ou autre personne à la charge de la victime	1/2 —
Pour le nouveau chef de famille, supplément par enfant à sa charge ayant moins de 8 ans	1/2 —
Et par enfant également à sa charge et âgé de plus de 8 ans	1/4 —

Au contraire, les ouvriers atteints d'incapacité de travail étant peu nombreux, rien n'interdisait de créer d'ores et déjà un droit certain en leur faveur ainsi qu'en faveur des personnes de leur famille. Le règlement attribuait aux ouvriers subissant une incapacité temporaire 1 fr. 50 par journée d'incapacité, avec majoration de 0 fr. 15 par personne de la famille à la charge de la victime; toutefois l'indemnité ne pouvait jamais dépasser la moitié du salaire intégral, faute de quoi elle eût formé avec l'allocation prévue par la loi du 9 avril 1898 un total supérieur à ce salaire. Dans le cas d'incapacité permanente partielle, l'ouvrier recevait un capital égal à deux annuités de la rente due par application de la loi de 1898; chacun des membres de la famille à la charge de l'ouvrier obtenait une allocation personnelle du dixième de ce capital. Enfin, pour l'incapacité permanente totale, la victime touchait deux parts, et chacun des membres de la famille à sa charge la moitié de l'allocation personnelle qui lui aurait été attribuée, si l'ouvrier était décédé.

Aucune distinction n'existait entre les ouvriers de nationalité française et les ouvriers de nationalité étrangère. Pour les uns comme pour les autres, le règlement n'admettait au bénéfice des secours que les personnes de la famille établies en France : en effet, l'établissement à l'étranger constituait à la fois un obstacle aux enquêtes indispensables et un préjugé de faiblesse dans les attaches des intéressés avec notre pays. Toutefois, cette disposition frappant surtout les familles des victimes étrangères, un sentiment qui s'explique de lui-même conduisit le Comité central à réserver, d'une manière explicite, des dérogations au principe et des allocations dont le chiffre serait fixé au vu des dossiers accompagnant les demandes.

Des diverses questions qu'avait à trancher le règlement, la moins grave n'était pas celle du mode de payement des secours.

L'importance des sommes fournies par la souscription s'opposait à leur distribution complète en espèces. C'eût été un acte d'imprévoyance risquant de compromettre le bon emploi des fonds conformément aux intentions des donateurs. Le versement en espèces fut limité aux indemnités journalières d'incapacité temporaire et à un acompte de 250 francs sur le solde disponible des indemnités de foyer, cet acompte s'ajoutant aux premiers secours d'urgence délivrés par le Comité départemental. Tout le surplus était affecté à la création de livrets de caisse d'épargne, incessibles et à remboursement différé, puis à l'acquisition de rente nominative, si le dépôt dépassait 1,500 francs. L'allocation collective de foyer devait être jointe à l'allocation personnelle du nouveau chef de famille. Pour les livrets pris au nom de personnes mineures, le remboursement était reporté à l'époque de la majorité ou à celle du mariage, dans le cas où celui-ci précéderait la majorité; pour les livrets pris au nom de personnes majeures, les retraits ne pouvaient excéder 100 francs par mois; le chef de famille n'était autorisé à effectuer le premier retrait que deux mois après le payement de la partie de l'indemnité collective versée en espèces.

Une difficulté naquit au sujet de l'échelonnement des retraits pour les livrets de la Caisse nationale d'épargne. Cet échelonnement paraissait se heurter contre les prescriptions du règlement d'administration publique du 31 août 1881, exigeant, en ce qui concerne les livrets à remboursement différé pris au nom de majeurs, que le terme du délai soit une date fixe. L'obstacle fut levé par une décision bienveillante et exceptionnelle de M. le Ministre des travaux publics, des postes et des télégraphes, en vertu de laquelle la Caisse nationale d'épargne créa des livrets comportant une limitation mensuelle des retraits et non remboursables avant un délai déterminé.

Le Comité central avait accumulé les précautions, afin de protéger les bénéficiaires contre leurs entraînements et de prévenir l'emploi abusif des fonds souscrits. Il éprouva néanmoins plus d'une déception. Trop souvent les titres de rente furent vendus aussitôt après leur remise.

En dépit de son bon vouloir et de ses soins, le Comité central était impuissant à prévoir tous les cas susceptibles de se présenter dans une répartition portant sur des sommes si considérables et sur un si grand nombre d'intéressés. Certaines situations particulières devaient imposer des allocations exceptionnelles. Il fallait aussi être en mesure d'aider au déplacement des familles qui voudraient quitter leur résidence, afin de se rapatrier ou de chercher ailleurs des moyens d'existence.

Le règlement institua une réserve du dixième de l'ensemble des souscriptions, destinée à pourvoir aux dépenses de cette nature, en même temps qu'aux allocations pour incapacité temporaire ou permanente et partielle. Éventuellement, le reliquat pourrait servir à créer dans des établissements d'instruction, spécialement dans des écoles professionnelles, quelques bourses au profit d'enfants des ouvriers victimes de la catastrophe.

4. **Dispositions réglementaires additionnelles.** — Des dispositions complémentaires furent successivement votées par le Comité central, au fur et à mesure de l'examen des situations individuelles.

a. *Âge limite des enfants admis aux secours* [1]. — La stricte appli-

[1] Résolutions du 6 juillet 1906.

cation du règlement au regard des enfants eût commandé de ne comprendre dans la distribution que ceux dont la charge incombait en fait et sans conteste à la victime. Mais la recherche aurait été parfois longue, laborieuse et malaisée. La nécessité ne tarda pas à apparaître, de substituer à des constatations délicates celle d'un âge limite. D'après l'avis des hommes les plus compétents, cet âge fut fixé à 18 ans, pour les allocations personnelles et pour les majorations accordées au chef de famille. Toutefois, la limite ne s'appliquait pas aux infirmes.

b. *Enfants issus d'un premier mariage de la veuve* [1]. — S'attachant surtout à la constitution effective du foyer, le Comité central assimila aux propres enfants de la victime, en ce qui concernait les allocations personnelles et les majorations attribuées à la mère, les enfants de la veuve issus d'un premier lit, lorsque ces enfants étaient à la charge de l'ouvrier décédé.

c. *Enfants nés après la catastrophe* [1]. — Toute différence de traitement entre les enfants nés après la catastrophe et ceux qui vivaient au 10 mars 1906 aurait été irrationnelle. Le Comité central prit comme terme extrême de la naissance, pour l'admission au secours, la date du 4 janvier 1907, c'est-à-dire le 300e jour suivant le sinistre (art. 312 du Code civil).

d. *Beaux-parents* [1]. — Convenait-il d'étendre aux beaux-parents de la victime le bénéfice des allocations attribuées aux ascendants par le règlement ? Le Comité central se prononça dans le sens de l'affirmative. Sur ce point comme sur d'autres, le chiffre très élevé de la souscription autorisait les interprétations les plus larges.

e. *Familles ayant perdu un fils, mais ayant conservé le chef du foyer* [1]. — Dans de nombreuses familles sinistrées, la victime était un fils, n'ayant pas la qualité de chef de foyer, mais apportant son salaire à la bourse commune. Les membres survivants de la famille pou-

[1] Résolutions du 6 juillet 1906.

vaient-ils prétendre à une réparation? Aux termes du règlement, cette réparation n'eût pu être consentie que sur la réserve, et le Comité aurait dû l'arbitrer dans chaque espèce. Reculant devant l'inévitable ajournement qui en serait résulté dans la distribution de secours impatiemment attendus et devant la perspective d'une insuffisance de la réserve, le Comité central décida d'appliquer le barème établi pour le cas de disparition du chef de foyer, sauf suppression de l'allocation collective, puisque le foyer subsistait.

f. *Enfants assistés*[1]. — Parmi les victimes figuraient 26 enfants placés par l'Assistance publique dans des familles de mineurs. Le Comité central n'a pas cru possible de reconnaître en principe à ces familles un titre à indemnité. Il s'est réservé seulement de leur allouer, s'il y avait lieu, des secours exceptionnels sur la réserve.

g. *Réchappés*[2]. — D'après la lettre du règlement, les quatorze ouvriers remontés vivants de la mine à la suite d'une période prolongée d'angoisses et de souffrances n'auraient eu que des allocations d'incapacité temporaire. Des indemnités si modiques n'auraient été en rapport ni avec la sympathie universelle dont ils étaient entourés, ni avec la perte qu'allait leur causer l'abandon presque certain du travail de fond pour le travail de jour, moins rémunérateur. Le Comité central attribua à chacun d'eux 1,200 francs, sans préjudice des secours d'urgence versés à leurs familles par le Comité départemental.

h. *Ouvriers remontés vivants des fosses le jour de la catastrophe et intoxiqués par l'oxyde de carbone*[3]. — Le règlement avait subordonné les allocations pour incapacité de travail à la déclaration prescrite par l'article 11 de la loi du 9 avril 1898. Or, dans le désarroi inséparable d'une telle catastrophe, la plupart des décla-

[1] Résolutions du 6 juillet 1906.
[2] Résolutions des 6 juillet 1906 et 14 juin 1907.
[3] Résolution du 14 juin 1907.

rations avaient été omises. L'admission au secours s'imposait néanmoins, *de plano* et sans aucun autre contrôle, à l'égard des ouvriers dont la Compagnie des mines de Courrières reconnaissait spontanément l'incapacité de travail et auxquels cette société payait les indemnités légales. Mais d'autres mineurs réclamaient, en alléguant leur intoxication par l'oxyde de carbone dégagé lors du sinistre; 160 d'entre eux adressaient une pétition au Ministre des travaux publics. Bien que non établie, l'incapacité de travail n'était pas invraisemblable. Le Comité central jugea équitable d'accorder à tous les ouvriers sortis vivants des trois fosses sinistrées et ne justifiant de leur incapacité de travail, ni par une déclaration conforme à la loi de 1898, ni par une reconnaissance de la Compagnie, une allocation forfaitaire de 40 ou de 50 francs, selon que leur salaire était ou non inférieur à 3 francs. Ces chiffres furent d'ailleurs adoptés comme minima pour les mineurs dont l'incapacité temporaire avait été régulièrement démontrée et qui ne pouvaient être soumis à un traitement moins favorable.

5. **Instruction des dossiers. Secours d'urgence.** — Dès les premiers jours qui suivirent la catastrophe, le Comité départemental commença à recueillir des renseignements sur la situation et la composition des familles atteintes. Il associa à sa tâche des sous-comités communaux, formés du maire, d'un représentant de la Compagnie et d'un représentant des ouvriers, autant que possible un délégué de la caisse de secours[1]. Fort délicat, le travail nécessitait des investigations minutieuses et difficiles; il s'étendait sur 29 communes et devait aboutir finalement à la délivrance de 4,796 mandats de payement.

Les informations originaires des délégués du Comité départemental subirent une revision attentive et furent contrôlées à diverses reprises par les secrétaires du Comité central. Il était essentiel d'ar-

[1] Voir à l'*Annexe 5* le questionnaire établi pour la famille de chaque victime.

river à une exactitude aussi complète que possible afin d'éviter des erreurs qui, sans gravité pour la distribution des acomptes, auraient été profondément regrettables dans la répartition définitive. De nombreuses corrections vinrent d'ailleurs établir surabondamment l'absolue nécessité de la revision : c'est ainsi, par exemple, qu'un mineur porté sur la liste des victimes ayant péri dans la catastrophe fut reconnu vivant et que sa famille dut être, en conséquence, exclue du bénéfice des secours, auquel elle avait été provisoirement admise.

Menée aussi rapidement que le comportait sa nature, l'instruction préparatoire s'acheva sur place au commencement de juillet 1906.

Pendant que se poursuivait l'enquête, les familles des mineurs disparus et les ouvriers blessés recevaient des provisions successives; aucun besoin immédiat ne restait en souffrance. La première distribution de secours d'urgence, faite par les soins du Comité départemental, eut lieu le 23 et le 24 mars 1906; d'autres suivirent. En août 1906, les acomptes s'élevaient au total de 640,000 francs environ :

Mois de mars 1906	164,825f 00c
Mois d'avril 1906	251,500 00
Mois de mai 1906	4,150 00
Mois de juin 1906	137,325 00
Mois de juillet 1906	88,300 00
Mois d'août 1906	666 70
TOTAL	646,766 70
À déduire les annulations pour décès ou doubles emplois.	7,225 00
RESTE	639,541 70

Aux secours officiels s'ajoutaient, d'une part, l'allocation de 50 francs que, dès le lendemain de la catastrophe, la Compagnie des mines de Courrières versait à chacune des familles éprouvées, et, d'autre part, les sommes remises directement soit par l'Évêché d'Arras, soit par divers journaux ou associations charitables.

En outre, au début d'avril, la Compagnie faisait afficher sur le carreau de ses fosses un avis informant les veuves des victimes que, sans rien préjuger des décisions judiciaires, elle était prête à verser des avances sur les pensions dues conformément à la loi du 9 avril 1898. Le calcul des pensions avait été effectué en comptant 300 journées de travail par an et en appliquant le salaire moyen journalier, tel qu'il résultait de la convention d'Arras; les avances représentaient des mensualités du douzième. Diversement accueillie par les intéressés, l'offre de la Compagnie des mines de Courrières ne put être que partiellement réalisée. Mais toutes les misères pressantes étaient soulagées.

6. Répartition définitive des secours. Opérations de payement. — a. *Secours aux familles des ouvriers décédés.* — Aussitôt l'instruction sur place achevée, les fiches afférentes aux foyers des mineurs décédés furent envoyées à Paris. Elles étaient au nombre de 964, chiffre inférieur à celui des décès, parce que 136 familles avaient éprouvé plusieurs deuils. Le Comité central en termina l'examen le 18 juillet 1906 et se trouva par suite en mesure de déterminer la valeur de la *part,* unité provisoire ayant servi jusqu'alors à fixer les allocations respectives des intéressés.

Le nombre total des parts attribuées était, au 18 juillet, de 5,481 1/4 et le montant de la souscription, à la même date, de 7,023,520 fr. 97. Calculée sur les neuf dixièmes de cette somme, la part eût été de 1,153 fr. 23. Le Comité central crut pouvoir l'élever à 1,200 francs; en effet, la souscription continuait et, de plus, le soin apporté à l'établissement des fiches de foyer autorisait à penser que les omissions auxquelles devrait pourvoir le fonds de réserve seraient très peu nombreuses. Même calculées sur la base de 1,200 francs, les allocations aux familles des disparus restèrent finalement au-dessous des neuf dixièmes de la souscription; ce fut la confirmation absolue des prévisions du Comité.

Exprimées en argent, les allocations personnelles aux différentes catégories d'intéressés étaient les suivantes :

Veuve (2 parts)	2,400 francs.
Enfant non orphelin de mère (1 part)	1,200
Enfant orphelin de mère (1 part 1/2)	1,800
Ascendant (1 part)	1,200
Frère, sœur ou autre personne à la charge de la victime et demeurant avec elle lors de la catastrophe (1/2 part)	600

Outre son allocation personnelle, chaque nouveau chef de famille recevait : 1° le secours collectif du foyer (2 parts), soit 2,400 francs; 2° 600 francs (1/2 part), par enfant à sa charge ayant moins de 8 ans, et 300 francs (1/4 part), par enfant ayant plus de 8 ans.

Le tableau ci-après donne des exemples de liquidation pour diverses compositions de famille :

VEUVE AVEC DEUX ENFANTS DE MOINS DE 8 ANS.

Attribution à la veuve.	Allocation collective du foyer	2,400f	6,000 francs.
	Allocation personnelle	2,400	
	Majoration pour les enfants	1,200	
Allocations personnelles des enfants			2,400
TOTAL des allocations de la famille			8,400

VEUVE AVEC QUATRE ENFANTS DONT DEUX AU-DESSOUS DE 8 ANS ET DEUX AU-DESSUS DE CET ÂGE.

Attribution à la veuve.	Allocation collective du foyer	2,400f	6,600 francs.
	Allocation personnelle	2,400	
	Majorations pour 2 enfants ayant moins de 8 ans	1,200	
	Majorations pour 2 enfants ayant plus de 8 ans	600	
Allocations personnelles des enfants			4,800
TOTAL des allocations de la famille			11,400

VEUVE AVEC HUIT ENFANTS DONT QUATRE AU-DESSOUS DE 8 ANS ET QUATRE AU-DESSUS DE CET ÂGE.

Attribution à la veuve.	Allocation collective du foyer		2,400f	8,400 francs.
	Allocation personnelle		2,400	
	Majorations pour	4 enfants ayant moins de 8 ans	2,400	
		4 enfants ayant plus de 8 ans	1,200	
Allocations personnelles des enfants				9,600
Total des allocations de la famille				18,000

Pour une famille exceptionnellement nombreuse, le total des allocations a été de 21,600 francs (18 parts). Vingt autres familles ont touché des sommes variant entre 14,100 francs et 20,400 francs.

Ces allocations comprenaient, ainsi qu'il a été dit précédemment, les acomptes distribués d'urgence par le Comité départemental et imputables, en principe, sur le secours collectif du foyer.

Après leur examen par le Comité central, les fiches de foyer furent renvoyées au Comité départemental, chargé d'établir pour tous les bénéficiaires des fiches individuelles. Cette seconde série de fiches était indispensable, notamment afin de supprimer les doubles emplois pouvant résulter de l'inscription d'une même personne, parente de plusieurs victimes, sur différentes feuilles de foyer. Le travail amena l'élimination de dix-huit parts.

Les intéressés reçurent, entre le 29 août et le 12 septembre 1906, notification du montant de leurs allocations, avec rappel des acomptes précédemment délivrés, indication du reliquat disponible et avis de l'emploi qui devrait être fait de ce reliquat tant en placement à une caisse d'épargne qu'en achat, le cas échéant, d'un titre de rente. Ils étaient en même temps invités à faire connaître, dans le délai de huit jours, la caisse d'épargne pour laquelle ils opteraient.

Une fois le délai d'option expiré, la création des livrets de caisse d'épargne et l'acquisition des titres de rente furent entreprises et poussées rapidement. Les titres de rente étaient achetés par les caisses d'épargne autonomes, pour les intéressés qui avaient demandé des livrets de ces caisses, et par le trésorier général du Pas-de-Calais, pour ceux qui avaient préféré la Caisse nationale d'épargne.

Les opérations approchaient de leur terme à la fin de septembre 1906. Il fut possible de procéder à la remise des livrets en octobre et en novembre. Quant aux titres de rente, les caisses d'épargne et la trésorerie générale les retinrent provisoirement jusqu'à ce que le Comité central eût pris une décision sur l'opportunité de leur délivrance immédiate. Le danger d'un gaspillage des fonds par les bénéficiaires ne commandait-il pas de maintenir les titres en dépôt dans les caisses d'épargne, celles-ci se chargeant de les négocier au fur et à mesure des besoins pour réalimenter les livrets? Malgré les mérites indéniables d'une telle solution, le Comité central ne jugea point à propos de l'accepter. Ayant assuré un assez long avenir au moyen des livrets à remboursement échelonné, il hésita à exagérer les mesures de prévoyance et crut répondre aux intentions des donateurs en favorisant ou en provoquant, par la délivrance d'un capital, l'initiative de ceux des intéressés qui voudraient tenter quelque commerce ou quelque culture.

Voici la statistique sommaire des placements en livrets et en titres de rente :

LIVRETS DE CAISSE D'ÉPARGNE.

Caisse d'épargne de Lens....	2,746 livrets.	2,955,550f	
Caisse d'épargne d'Arras....	120	113,050	
Caisse nationale d'épargne...	653	724,150	
TOTAUX............	3,519	3,792,750	3,792,750 francs.
A reporter............			3,792,750

Report			3,792,750 francs.

TITRES DE RENTE.

Caisse d'épargne de Lens	539 titres.	1,774,175f	
Caisse d'épargne d'Arras	13	50,100	
Caisse nationale d'épargne	145	450,700	
TOTAUX	697	2,274,975	2,274,975
TOTAL			6,067,725

En ajoutant au montant des livrets et des titres de rente celui des remises sous forme d'espèces, soit 572,775 francs, on arrive à un total général de 6,640,500 francs pour les allocations aux familles des mineurs décédés.

b. *Secours aux ouvriers atteints d'incapacité de travail et aux personnes de leur famille.* — Les ouvriers dont *l'incapacité temporaire de travail* avait fait l'objet d'une déclaration régulière ou, à défaut de déclaration, d'une reconnaissance spontanée par la Compagnie des mines de Courrières étaient au nombre de 112. Aux termes du règlement, les allocations auxquelles ils pouvaient prétendre devaient être calculées sur la base de 1 fr. 50 par jour, plus 0 fr. 15 pour chaque parent à leur charge. Elles s'élevaient à 6,950 fr. 40. Mais la décision du Comité central, de ne pas traiter ces ouvriers moins favorablement que les mineurs invoquant une intoxication par l'oxyde de carbone, conduisit à une bonification de 703 fr. 40 partagée entre 61 intéressés. Le total des allocations effectives aux ouvriers atteints d'incapacité temporaire se trouva en conséquence porté à 7,653 fr. 80. C'est en espèces qu'eut lieu le payement, après déduction des secours d'urgence antérieurement délivrés.

Il convient de joindre aux ouvriers frappés d'incapacité temporaire de travail les 14 réchappés, dont chacun eut une indemnité forfaitaire de 1,200 francs. Cette attribution et celle des premiers secours aux familles coûtèrent 18,900 francs.

La mesure de bienveillance prise par le Comité central à l'égard des mineurs sortis vivants des fosses et ne justifiant pas d'une incapacité de travail nettement définie, mais invoquant une *intoxication par l'oxyde de carbone*, profita à 449 mineurs. Elle imposa une dépense de 21,840 francs, savoir :

Allocations de 40 francs	61	soit	2,440 francs.
Allocations de 50 francs	388		19,400
TOTAUX	449		21,840

Ici encore, le payement se fit en espèces.

Dix ouvriers se prévalurent d'une *incapacité permanente partielle de travail*. Le règlement leur attribuait un secours en capital égal à deux annuités de la rente qui leur serait versée par la Compagnie des mines de Courrières, en exécution de la loi du 9 avril 1898; une indemnité du dixième de ce capital était accordée à chacun des membres de leur famille dont ils avaient la charge. Dans tous les cas, la détermination du chiffre de la rente due en conformité de la loi de 1898 fut demandée aux tribunaux. Pour la moitié environ des litiges, la procédure put être close par des procès-verbaux de conciliation vers la fin de 1906. Les autres donnèrent lieu à des jugements qui, retardés notamment par l'information correctionnelle sur les responsabilités du sinistre, n'intervinrent que tardivement (juillet, août et décembre 1907; mars 1908). Un seul des jugements de première instance a été déféré, sans succès d'ailleurs, à la Cour d'appel.

Les allocations aux blessés et aux familles ont varié de 62 fr. 40 à 2,190 francs. Elles forment un total de 11,937 fr. 79.

Suivant les prescriptions du règlement, un livret de caisse d'épargne a été remis à chacun des blessés. Les allocations aux membres des familles étaient toutes inférieures à 100 francs, montant des retraits mensuels autorisés sur les livrets; l'établissement de titres remboursables dès leur création n'eût pas été justifié, et le payement s'est effectué en espèces.

La catégorie des ouvriers atteints d'*incapacité permanente totale de travail* n'a compté que deux ouvriers frappés, l'un de folie, l'autre de cécité. Ces malheureux ont reçu, chacun, l'allocation réglementaire de 6 parts ou 7,200 francs, soit ensemble 14,400 francs, représentés par des livrets et des titres de rente.

Tous deux étaient célibataires et n'avaient que des ascendants déjà indemnisés comme parents d'ouvriers décédés. La disposition du règlement relative aux membres des familles est donc demeurée sans application.

c. *Indemnités de déplacement.* — Le règlement prévoyait l'imputation à la réserve d'indemnités de déplacement au profit des familles qui manifesteraient le désir de quitter leur résidence. Cette prévision semblait de nature à intéresser surtout les familles originaires de l'Allier et du Gard, régions minières dont les enfants émigrent souvent vers les houillères du Nord. Elle ne fut guère invoquée; le Comité, saisi de 9 demandes, dépensa 808 fr. 35 pour y satisfaire.

d. *Secours exceptionnels.* — Trois délégués mineurs, n'étant point au service de la Compagnie des mines de Courrières et ne recevant d'elle aucune indemnité au titre de la loi du 9 avril 1898, avaient gravement compromis leur santé dans les opérations de sauvetage et mérité les éloges de tous par leur courage. Sur l'avis conforme de l'Administration, le Comité central accorda à chacun d'eux une allocation exceptionnelle de 1,200 francs. C'était, pour les trois bénéficiaires, un total de 3,600 francs.

e. *Secours aux familles belges.* — Parmi les ouvriers décédés se trouvaient 44 étrangers, dont 43 belges et 1 de nationalité inconnue; ce dernier n'avait aucun parent avec lui, et les recherches les plus actives ne purent réussir à faire découvrir ses origines. Les familles des mineurs belges victimes de la catastrophe méritaient une extrême bienveillance, non seulement parce que les liens les plus étroits unissent leur pays à la France, mais encore parce que la Belgique venait de faire preuve d'une générosité remarquable dans sa participation empressée à la souscription publique. Désireux de n'oublier aucune infortune, le Comité central entra en rapport avec le Gouvernement royal, par l'intermédiaire de la Légation de France à Bruxelles, afin d'obtenir des renseignements aussi complets que possible.

Les allocations qui furent consenties aux familles résidant en France sont comprises dans les chiffres globaux précédemment cités sous la rubrique « Secours aux familles des mineurs décédés ». Elles ne figurent donc ici que pour mémoire. Leur total atteignit 271,500 francs, savoir :

Secours d'urgence	23,575 francs.
Montant de 140 livrets	161,450
Valeur de 28 titres de rente	86,475
TOTAL	271,500

D'une manière générale, les mineurs belges travaillant aux mines de Courrières avaient été suivis par leur famille. Les victimes laissaient à peine en Belgique quelques ascendants, n'en ayant d'ailleurs reçu aucune aide. Une concordance entière exista, à ce sujet, entre les résultats des enquêtes poursuivies directement en France par le Comité et les renseignements fournis par S. Exc. M. le baron de Favereau, Ministre des affaires étrangères de Belgique. La disposition réglementaire concernant des allocations éventuelles aux familles établies hors de France des ouvriers étrangers ne fut appliquée qu'exceptionnellement, en vertu d'une interprétation très large et très libérale du texte. Dix-neuf intéressés se partagèrent une somme de 10,400 francs, jointe à d'autres allocations sous la rubrique suivante.

7. **Réclamations contre la répartition des secours.** — Quel qu'eût été le soin apporté par les délégués du Comité départemental à

leur enquête sur la situation des familles, le nombre des ayants droit, les contradictions entre les dires de beaucoup d'intéressés, certaines erreurs dans les informations recueillies auprès des municipalités, devaient rendre inévitables quelques rectifications ultérieures. Le Comité central opéra ces rectifications soit à la demande des bénéficiaires, soit d'office. Il en a été tenu compte dans les chiffres consignés aux précédents paragraphes.

En dehors des réclamations manifestement fondées, beaucoup d'autres ne se justifiaient ni par une inexactitude de fait, ni par une fausse application du règlement. L'imparfaite compréhension ou l'ignorance des dispositions réglementaires, l'assimilation erronée entre des situations de famille effectivement différentes, la divulgation par la presse de l'existence d'une réserve importante et le naturel désir de profiter d'une nouvelle répartition incitèrent la plupart de ceux qui pouvaient invoquer un lien quelconque avec l'une des victimes à assaillir de leurs doléances le Comité central ou le Comité départemental. Plus d'un millier de lettres parvinrent à la Présidence du Comité central et au Secrétariat du Comité départemental. Trop souvent elles consistaient en formules autographiées et des moins précises ou étaient dues à la plume de tiers d'un désintéressement parfois douteux.

Bien qu'en légitime défiance contre des plaintes qui, fréquemment, apparaissaient *a priori* comme dénuées de fondement, le Comité central se fit un devoir de les soumettre à l'examen du Comité départemental, avant de statuer lui-même sur la suite dont elles seraient susceptibles [1]. Cette décision était surtout dictée par la crainte que des erreurs se fussent glissées dans l'appréciation des rapports unissant les victimes à leurs ascendants, quand ceux-ci ne vivaient pas au foyer familial. La difficulté des constatations, déjà fort délicates en elles-mêmes, avait été singulièrement accrue par l'ambiguïté des réponses faites aux enquêteurs, par les réti-

[1] Résolution du 7 décembre 1906.

cences des veuves qui regardaient à tort les secours à leurs beaux-parents comme une menace pour leurs propres allocations.

Eu égard à l'étendue des disponibilités, le Comité central résolut immédiatement d'admettre à la distribution les pères et mères, auteurs de réclamations, qui, sans habiter au foyer des mineurs décédés et sans démontrer l'assistance de ces ouvriers, auraient du moins conservé des attaches avec eux, se trouveraient dans une situation précaire et ne se seraient pas rendus indignes par des écarts de conduite. Il repoussa, en revanche, une proposition tendant à rechercher d'office tous les parents dont la situation aurait été celle qui vient d'être définie. Autant cette recherche s'imposait pour les catégories de personnes expressément désignées au règlement, autant elle se recommandait peu en ce qui concernait les autres personnes. Les opérations du Comité avaient, d'ailleurs, reçu une telle publicité qu'aucun cas intéressant ne devait être resté dans l'ombre.

Ne voulant pas aller trop loin dans la voie des attributions extra-réglementaires, le Comité central refusa d'accorder aux grands-parents la même faveur qu'aux ascendants du premier degré.

L'information ouverte au sujet des réclamations porta sur 19 communes, et les résultats en furent soumis à une sous-commission du Comité départemental, composée des deux vice-présidents et des maires de quatre localités, où la catastrophe avait fait de nombreuses victimes. Saisi à son tour, le Comité central eut à examiner 754 dossiers de réclamations individuelles ou collectives, accueillit 454 demandes et en rejeta 300. Il attribua une demi-part, ou 600 francs, à chacun des pères et mères qui satisfaisaient aux conditions ci-dessus indiquées, et arbitra, selon les circonstances, l'allocation consentie au profit de réclamants d'autres catégories[1]. La dépense s'éleva à 235,720 francs, dont 198,025 francs remis sous forme de livrets et le surplus versé en espèces.

[1] Résolutions du 14 juin 1907.

Après avoir ainsi statué, le Comité central prononça la clôture des opérations de répartition et déclara irrecevable toute réclamation ultérieure.

8. **Dons avec affectations spéciales.** — Plusieurs souscriptions importantes, bien que remises au Comité central, n'entrèrent pas dans la masse et durent recevoir une destination nettement fixée par les donateurs. Les attributions de ce genre témoignaient, en général, d'une sollicitude particulière pour l'enfance.

Certains souscripteurs, ayant de même en vue des affectations spéciales, se réservèrent de procéder directement à la répartition, mais demandèrent les renseignements nécessaires au Comité central qui s'empressa de déférer à leur désir.

Les dons faits ainsi dans un but déterminé méritent quelques indications sommaires.

Une somme de 43,680 francs fut versée par la Compagnie des mines de Courrières pour être distribuée indistinctement entre les enfants des familles nombreuses dont le chef était décédé, laissant plus de quatre fils ou filles de moins de 16 ans. Six cent soixante-deux enfants remplissaient la condition voulue pour que cette libéralité leur profitât. Trois décès étant survenus après la répartition, les parts correspondantes firent retour au compte général de la souscription. Pour les 659 autres enfants, l'allocation servit à grossir les livrets de caisse d'épargne.

À la suite d'une vente de charité, un Comité de dames de Douai mit à la disposition du Comité central 26,150 francs, pour alimenter les livrets des enfants âgés de moins de 8 ans au 1er janvier 1907. Les sommes déposées de la sorte aux caisses d'épargne ne devaient être payables que lors de la majorité des titulaires ou lors de leur mariage, si celui-ci précédait la majorité. Sept cent soixante-dix-neuf enfants furent admis au partage; quatre décès survinrent avant le versement, et le compte général de la souscription recueillit les parts correspondantes.

Le conseil municipal et la presse de Turin réunirent 18,000 francs, auxquels s'ajouta un appoint de 1,040 francs fourni par la colonie allemande de cette ville, et résolurent d'en faire bénéficier les orphelins des victimes. Sur la demande des donateurs, le Comité central s'empressa de leur adresser les documents dont ils avaient besoin pour effectuer la répartition.

Une kermesse avait été organisée par le journal *Le Matin*, avec le concours de nombreuses sociétés orphéoniques, dans le but de secourir les familles de 50 orphéonistes victimes de la catastrophe. Elle eut lieu, le 13 mai 1906, au jardin des Tuileries et produisit 8,650 fr. 10. Le Comité central partagea cette somme entre 46 familles, au prorata des allocations principales déjà consenties; il fut assisté dans sa tâche par le Comité de la Fédération des sociétés musicales du Nord et du Pas-de-Calais.

En mars et avril 1906, la Dotation de la Jeunesse française, société de secours mutuels approuvée, ouvrit une souscription parmi les membres de ses différentes sections et recueillit 4,060 francs. Au moyen de cette somme, elle constitua 58 livrets spéciaux à la Société, libérés pour dix années, représentant alors un capital de 70 francs chacun et destinés à autant d'orphelins ou d'orphelines. La société donatrice choisit les bénéficiaires sur une liste triple, dressée par le Comité central et mentionnant les orphelins particulièrement dénués d'appui.

Des diverses libéralités grevées d'affectations spéciales, la plus importante fut celle des sociétés parisiennes de courses. La Société d'encouragement pour l'amélioration des races de chevaux en France, la Société des steeple-chases, la Société d'encouragement pour l'amélioration du cheval français de demi-sang, la Société sportive d'encouragement et la Société de sport de France organisèrent à Auteuil, le 5 avril 1906, une journée dont la recette atteignit 135,889 francs et vint intégralement se joindre aux autres ressources du Comité central. En apportant leur don généreux, les présidents des cinq sociétés exprimèrent le désir de le voir affecté « à une œuvre durable au profit des orphelins et des veuves des mineurs de la région du Nord ». L'intention ainsi formulée dérivait du sentiment le plus noble et le plus élevé; elle était en parfait accord avec les vues unanimes du Comité central, qui s'efforça de la réaliser de son mieux.

Après avoir étudié plusieurs combinaisons, le Comité décida : 1° l'institution de bourses dans des écoles professionnelles, en faveur d'enfants et, autant que possible, d'orphelins appartenant à la population minière; 2° la fondation, dans plusieurs hospices, de lits destinés à des veuves de mineurs. S'engageant même dans cette voie au delà de la simple exécution du vœu des sociétés donatrices, il ajouta à la libéralité, pour en faire emploi dans les mêmes conditions, le reliquat de la souscription publique : ce n'était, du reste, que l'application élargie d'une disposition réglementaire prévoyant la création éventuelle, sur la réserve, de bourses dans des établissements d'instruction.

Tout justifiait la résolution du Comité central. Il avait pu non seulement subvenir aux nécessités immédiates des familles, mais encore pourvoir aux besoins d'un avenir assez long. D'un autre côté, malgré ses sages précautions, il n'était point parvenu à empêcher des abus regrettables, le retrait intempestif de sommes déposées aux caisses d'épargne, l'aliénation prématurée de titres de rente; plus d'une veuve avait cédé aux entraînements ou subi les déprédations d'oiseaux de proie abattus sur la contrée; l'usage des capitaux libres pour des objets vraiment utiles, tels que l'achat d'une maison, l'entreprise d'une culture, l'exercice d'un commerce, était resté presque exceptionnel. Une nouvelle répartition ne s'imposait donc pas; l'expérience recommandait, au contraire, des mesures de prévoyance à long terme, soustraites aux tentations et aux faiblesses.

La généralité de la formule dont s'étaient servis les présidents des cinq sociétés sportives, l'intime solidarité unissant la population minière du Nord à celle du Pas-de-Calais, leur communauté de labeur et d'intérêts amenèrent le Comité central à associer les deux départements dans les fondations et à doter chacun d'eux d'une part sensiblement proportionnelle au nombre des ouvriers de ses houillères (30,000 environ dans le Nord et 74,000 dans le Pas-de-Calais, en 1906).

9. **Fondations.** — a. *Bourses dans des écoles professionnelles.* — Le choix du Comité central se fixa, pour les garçons, sur l'École des maîtres mineurs de Douai, et, pour les filles, sur l'École pratique de commerce et d'industrie de Boulogne-sur-Mer.

De ces deux écoles, la première forme des maîtres mineurs et des géomètres. Elle reçoit des jeunes gens âgés de plus de 18 ans, déjà familiarisés par un stage de dix-huit mois au moins, dans des mines ou des carrières souterraines, avec la pratique du métier de mineur. Le régime est l'internat, et la pension coûte 500 francs par an. À l'expiration de la seconde année d'études sont délivrés des diplômes supérieurs ou des certificats de maîtres mineurs.

L'École de Boulogne-sur-Mer donne aux jeunes filles les connaissances élémentaires voulues pour obtenir des emplois rémunérateurs en qualité d'employées, de caissières, de comptables, de vendeuses, de sténographes, de dactylographes ou d'ouvrières dans les industries féminines (couture, repassage, modes, cuisine). Son enseignement dure trois ans, et le prix total en est de 500 francs.

Ni l'un ni l'autre des établissements n'ayant la personnalité civile, la charge des fondations devait être confiée soit à l'État, soit aux départements du Nord et du Pas-de-Calais. Le Comité central pensa que la remise des fonds aux représentants directs des populations minières perpétuerait plus sûrement parmi ces populations le souvenir des sympathies dont elles avaient été l'objet.

Les conseils généraux réservèrent un accueil favorable aux offres du Comité. Par deux conventions du 9 novembre 1907, les départements du Nord et du Pas-de-Calais acceptèrent respectivement les sommes nécessaires pour la désignation annuelle d'un et de trois boursiers à l'École des maîtres mineurs de Douai. Le même jour intervinrent deux autres conventions analogues, concernant l'envoi annuel, par chacun des départements, d'une élève boursière à l'École pratique de Boulogne-sur-Mer. [1]

Boursiers et boursières doivent appartenir à la population minière et être, autant que possible, recrutés parmi les orphelins. Dans le Nord, l'attribution est faite par la Commission départementale, appelée fréquemment à se prononcer sur les demandes relatives aux bourses qu'entretient le département. Dans le Pas-de-Calais, le préfet désigne les bénéficiaires sur une liste double de présentation, établie par une commission qui se compose de quatre conseillers généraux élus, de l'ingénieur en chef des mines et de l'inspecteur départemental de l'assistance publique.

Dressées dans la forme administrative, les conventions étaient dispensées de la formalité du timbre sur la minute. L'Administration des finances les a reconnues exemptes des droits d'enregistrement, par application de l'article 80 de la loi du 15 mai 1818.

La dépense des fondations de bourses s'est élevée à près de 162,000 francs :

[1] Voir à l'*Annexe 6* la convention avec le département du Pas-de-Calais pour les bourses à l'École de Douai.

Bourses du Nord	à l'École de Douai : achat de 1,000 francs de rente[1]	32,439f 67c
	à l'École de Boulogne : achat de 500 francs de rente[1]	16,219 82
Bourses du Pas-de-Calais	à l'École de Douai : achat de 3,000 francs de rente[1]	96,842 72
	à l'École de Boulogne : achat de 500 francs de rente[1]	16,140 47
	Total	161,642 68

b. *Lits dans des hospices.* — Les fondations de lits dans des hospices n'ont pu être que péniblement réalisées. En effet, le Comité central désirait traiter avec les établissements les plus voisins des exploitations houillères, et la plupart des commissions administratives, subissant déjà de graves difficultés pour faire face à des besoins sans cesse croissants et pour satisfaire à la loi du 14 juillet 1905 sur l'assistance obligatoire, devaient décliner l'offre de création de lits nouveaux; les autres n'acceptaient qu'un nombre limité de lits.

Finalement, après échange d'une assez longue correspondance, le Comité fonda dix lits à l'hospice d'Arras (conventions du 20 novembre 1907, pour huit lits, et du 6 mars 1908, pour deux lits complémentaires), quatre lits à l'hospice de Lens (convention du 20 décembre 1907), quatre lits à l'hospice de Saint-Amand (Nord) [convention du 22 décembre 1907][2]. La date toute récente de la création des deux lits complémentaires à l'hospice d'Arras s'explique par l'incertitude qui existait, lors des premiers pourparlers, sur le chiffre du reliquat disponible.

À Arras, la pension annuelle coûte 400 francs et le matériel de premier établissement, 100 francs par lit; Lens demande un prix de journée de 1 fr. 50 et une dépense de premier établissement de 252 francs; à Saint-Amand, le prix de la journée est de 1 fr. 25,

(1) Courtage compris.

(2) Voir à l'*Annexe* 7 la convention avec l'hospice de Lens.

et l'hospice se charge de l'achat du matériel. Selon les règles usuelles, la rente correspondant aux pensions a été, pour les trois établissements, majorée d'un dixième afin de parer aux risques de conversion et à ceux d'élévation du prix des journées.

Les dépenses des fondations de lits ont atteint 287,600 francs environ :

Arras.	8 lits.	Pension : achat de 3,520 francs de rente[1]	113,452f 38c	143,138f 95c
		Matériel de premier établissement	800 00	
	2 lits.	Pension : achat de 880 francs de rente[1]	28,686 57	
		Matériel de premier établissement	200 00	
Lens : 4 lits...		Pension : achat de 2,410 francs de rente[1]	78,179 53	79,187 53
		Matériel de premier établissement	1,008 00	
Saint-Amand : 4 lits. — Pension : achat de 2,008 francs de rente[1]				65,273 03
		Total		287,599 51

Des négociations prolongées ont dû être poursuivies avec l'Administration des finances, dans le but de réduire au minimum les droits d'enregistrement. Ayant égard à la nature des stipulations intervenues et mue par un sentiment libéral auquel il convient de rendre hommage, cette administration a bien voulu envisager les contrats de fondation comme des actes relatifs à un louage de services et passibles uniquement du droit de 1 fr. 25 p. 100, en principal et décimes, sur le prix du marché. Le payement des droits, frais de timbre compris, a entraîné une dépense de 1,788 fr. 20 pour l'hospice d'Arras, de 980 fr. 75 pour l'hospice de Lens et de 798 fr. 30 pour l'hospice de Saint-Amand, soit de 3,567 fr. 25 pour les trois établissements.

[1] Courtage compris.

10. Intérêts des fonds souscrits. Frais de service. — À la date du 6 juillet 1906, le Comité central résolut de transférer à la trésorerie générale du Pas-de-Calais les sommes qu'il avait recueillies et qui, jusqu'alors gardées en dépôt par la Banque de France, n'étaient pas productives d'intérêts. D'autre part, la Direction générale de la comptabilité publique décidait que l'intérêt de 1 fr. 75 p. 100 fr. habituellement alloué par le Trésor serait consenti au trésorier général pour ces sommes, le produit de la bonification devant être entièrement reversé au compte de la souscription. Le Comité allait ainsi disposer de ressources qui lui permettraient de couvrir les frais de gestion et de répartition, sans rien prélever sur les fonds souscrits, et peut-être même d'apporter à ces fonds un léger appoint.

Les intérêts, au 15 mars 1908, avaient atteint 62,002 fr. 43, total notablement supérieur à celui des frais de service, qui ne dépassaient guère 35,000 francs :

Indemnités et remboursement de frais de tournées aux percepteurs chargés du versement des secours d'urgence		1,000f 00c
Allocation au secrétaire du Comité départemental		6,000 00
Allocations aux employés de la préfecture du Pas-de-Calais		8,685 00
Remboursement au secrétaire du Comité départemental de ses frais de voyage et d'enquête		357 25
Allocations aux employés de la trésorerie générale du Pas-de-Calais		7,450 00
Remboursement des frais de voyage du trésorier général		185 00
Allocations aux secrétaires de mairie, appariteurs municipaux et gardes champêtres pour le concours fourni lors des enquêtes		3,345 00
Allocations aux employés des caisses d'épargne chargés de l'établissement des livrets		1,800 00
Allocations aux employés du Ministère des travaux publics mis à la disposition du Comité central		1,500 00
Remboursement des frais de voyage des secrétaires du Comité central		121 20
Impressions diverses	Comité départemental	1,396 40
	Trésorerie générale	309 40
	Comité central (prévision)	1,500 00
Frais de poste, timbres-quittance	Comité départemental	857 70
	Trésorerie générale	440 22
	Comité central	12 35
Dépenses diverses		84 00
	Total	35,043 52

Dans l'ensemble, les frais de service représentent moins de 5 p. 1000 du montant de la souscription.

Le solde des intérêts, soit 26,958 fr. 91, s'est ajouté au compte général des fonds à répartir.

11. Emploi du reliquat de la souscription. — Au 15 mars 1908,

le montant de la souscription était de.......	7,498,851f 63c
Il y a lieu d'ajouter à cette somme les intérêts servis par le Trésor, soit.................	62,002 43
TOTAL.............	7,560,854 06
Les dépenses à la même date s'élevaient au chiffre de.........................	7,538,724 94
Par suite, le Comité central disposait d'un reliquat de.........................	22,129 12

Son intention est d'affecter avant tout ce reliquat à la fondation d'un cinquième lit dans l'hospice de Saint-Amand, dont les locaux sont suffisants; la dépense correspondante serait approximativement de 16,500 francs. Le solde ou même la totalité du reliquat, si quelque circonstance empêchait la création d'un lit supplémentaire à Saint-Amand, irait aux bureaux de bienfaisance des quatre communes le plus gravement atteintes par la catastrophe, Méricourt, Sallaumines, Billy-Montigny, Noyelles-sous-Lens; chacun des bureaux recevrait une part proportionnelle au nombre des victimes de la localité.

12. Résumé. — Le compte des allocations de toute nature accordées par le Comité central se résume comme il suit, au 15 mars 1908, y compris les frais de service :

DÉSIGNATION DES DÉPENSES.	PAYEMENTS en ESPÈCES.	VERSEMENTS AUX CAISSES D'ÉPARGNE.	ACHATS DE RENTES.	TOTAUX.
	fr. c.	fr. c.	fr. c.	fr. c.
Secours aux familles des mineurs décédés	572,775 00	3,792,750 00	2,274,975 00	6,640,500 00
Secours aux ouvriers atteints d'incapacité de travail et à leurs familles. — Ouvriers atteints d'incapacité temporaire	7,653 80	″	″	7,653 80
Secours aux ouvriers … — Réchappés	12,900 00	5,700 00	300 00	18,900 00
Secours aux ouvriers … — Ouvriers intoxiqués	21,840 00	″	″	21,840 00
Secours aux ouvriers … — Ouvriers atteints d'incapacité permanente partielle	2,085 67	9,789 72	62 40	11,937 79
Secours aux ouvriers … — Ouvriers atteints d'incapacité permanente totale	100 00	3,000 00	11,300 00	14,400 00
Indemnités de déplacement	808 35	″	″	808 35
Secours exceptionnels à des délégués mineurs	2,400 00	1,200 00	″	3,600 00
Secours aux réclamants	37,695 00	198,025 00	″	235,720 00
Secours d'urgence distribués par le Comité départemental et ne rentrant pas dans les prévisions du règlement	26,007 88	″	″	26,007 88
Dons avec affectations spéciales. — Compagnie des mines de Courrières	″	43,289 44	197 97	43,487 41
Dons avec affectations spéciales. — Dames de Douai	″	25,949 61	67 14	26,016 75
Fondations. Bourses. — École des maîtres mineurs de Douai. Nord	″	″	32,439 67	32,439 67
Fondations. Bourses. — École des maîtres mineurs de Douai. P.-de-C.	″	″	96,842 72	96,842 72
Fondations. Bourses. — École pratique de Boulogne-sur-Mer. Nord	″	″	16,219 82	16,219 82
Fondations. Bourses. — École pratique de Boulogne-sur-Mer. P.-de-C.	″	″	16,140 47	16,140 47
Fondations. Lits. — Hospice d'Arras	1,000 00	″	142,138 95	143,138 95
Fondations. Lits. — Hospice de Lens	1,008 00	″	78,179 53	79,187 53
Fondations. Lits. — Hospice de Saint-Amand	″	″	65,273 03	65,273 03
Timbre et enregistrement	3,567 25	″	″	3,567 25
Frais de service	35,043 52	″	″	35,043 52
TOTAUX	724,884 47	4,079,703 77	2,734,136 70	7,538,724 94

Une répartition qui touchait à des intérêts si multiples et à laquelle participaient tant de bénéficiaires ne pouvait se faire sans nécessiter une abondante correspondance et des démarches incessantes, sans exiger l'étude minutieuse d'innombrables situations, sans soulever presque chaque jour des questions souvent délicates, d'ordre administratif ou financier. Le Comité central n'a rien négligé pour accomplir sa tâche aussi rapidement que le permettaient les circonstances et pour réaliser, avec une absolue fidélité, les intentions des souscripteurs. Sa préoccupation dominante a été non seulement de soulager les misères nées de la tragique catastrophe du 10 mars 1906, mais de doubler les réparations matérielles d'un bienfait moral et de prolonger le souvenir en même temps que les effets du mouvement admirable de solidarité humaine engendré par le sinistre. Il a le devoir de reconnaître l'infatigable et dévoué concours du Comité départemental; il doit surtout rendre encore une fois un hommage éclatant et adresser un témoignage de profonde gratitude aux nations étrangères, aux donateurs qui, partout, ont rivalisé de généreuse pitié.

Paris, le 24 mars 1908.

Le Président de Section au Conseil d'État,
Secrétaire général du Comité,

A. PICARD.

Les Secrétaires du Comité :

Rousseau, Maître des requêtes au Conseil d'Etat; Edmond Laurent, Auditeur de 1re classe au Conseil d'État; Wurtz, Inspecteur des finances; Lillaz, chef adjoint du Cabinet du Ministre des travaux publics.

Approuvé :

Le Président du Comité,

Émile LOUBET.

Annexe 1.

RÉPARTITION DES VICTIMES PAR COMMUNE.

NOMS DES COMMUNES.	NOMBRE DE VICTIMES.
Acheville	5
Achicourt	1
Athies	2
Avion	30
Bailleul-sir-Berthoult	8
Beaurains	1
Billy-Montigny	114
Dourges	1
Farbus	1
Feuchy	1
Fouquières-lez-Lens	37
Hénin-Liétard	8
Izel-lez-Equerchin	1
Lens	12
Loison-sous-Lens	22
Méricourt	404
Montigny-en-Gohelle	9
Neuville-Vitasse	1
Neuvireuil	1
Noyelles-sous-Lens	102
Oppy	5
Rouvroy	9
Sailly-la-Bourse	1
Saint-Laurent-Blangy	1
Sallaumines	304
Thélus	2
Vimy	13
Vitry-en-Artois	1
Willerval	3
Total	1,100

Annexe 2.

COMPOSITION DU COMITÉ DÉPARTEMENTAL DE SECOURS.

MM. Duréault, préfet du Pas-de-Calais, *président*.

Basly, député, maire de Lens, *vice-président*.

Reumaux, directeur général des mines de Lens, *vice-président*.

Boudenoot, Bouilliez, Huguet, Ringot, Viseur, *sénateurs du Pas-de-Calais*.

Bar, Delelis-Fanien, Dussaussoy, Farjon, Jonnart, Lamendin, Morel, Ribot, Rose, Tailliandier, Vallée, *députés du Pas-de-Calais*.

Elby (maire de Bruay), Lebleu (maire de Sailly-sur-la-Lys), Lesage (maire de Cambrin), Tilloy (maire de Courrières), *conseillers généraux du Pas-de-Calais*.

le Général commandant le 1er corps d'armée.

le Premier président de la Cour d'appel de Douai.

le Procureur général près la Cour d'appel de Douai.

le Recteur de l'Académie de Lille.

le Trésorier général du Pas-de-Calais.

l'Évêque d'Arras.

Léon, ingénieur en chef au Corps national des Mines.

Defernez, Évrard, Le Gentil (maire de Méricourt), *conseillers d'arrondissement*.

Bailliez, maire de Harnes; Beharelle, maire de Nœux-les-Mines, ancien député; Crespel, maire de Fouquières-lez-Lens; Gallet, maire de Noyelles-sous-Lens; Toulouse, maire de Sallaumines; Tournay, maire de Billy-Montigny.

Lavaurs, directeur de la Compagnie des mines de Courrières.

Bar, ingénieur en chef de la Compagnie des mines de Courrières.

Courtin, président du Conseil des directeurs de la Caisse d'épargne de Lens.

MM. Lagrillière-Beauclerc, directeur du journal *la Tribune du Nord.*
Riboux, directeur du journal *le Progrès du Nord.*
le directeur du journal *le Grand Écho du Nord.*

Secrétaire du Comité départemental : M. Thibaut, chef de division honoraire à la préfecture du Pas-de-Calais.

Annexe 3.

COMPOSITION DU COMITÉ CENTRAL DE SECOURS.

1° MEMBRES NOMMÉS PAR ARRÊTÉ DU PRÉSIDENT DU CONSEIL, MINISTRE DE L'INTÉRIEUR, DU 21 MARS 1906.

MM. Émile Loubet, ancien Président de la République, *président.*
le Vice-Président du Conseil d'État.
Alfred Picard, membre de l'Institut, président de section au Conseil d'État, *secrétaire général.*
le Grand-Chancelier de la Légion d'honneur.
les Premiers présidents de la Cour de cassation, de la Cour des comptes, de la Cour d'appel de Paris.
les Procureurs généraux près ces mêmes cours.
le Préfet du Pas-de-Calais.
le Président du Conseil général du Pas-de-Calais.
les Gouverneurs de la Banque de France et du Crédit foncier.
Delafond, inspecteur général des Mines.
Mézières, président de l'Association des journalistes parisiens.
Jean Dupuy, président du Syndicat de la presse parisienne.
Ranc, président de l'Association des journalistes républicains français.

Secrétaires :

MM. Rousseau, maître des requêtes au Conseil d'État.
Laurent, auditeur de 1re classe au Conseil d'État.
Wurtz, inspecteur des finances.

2° SECRÉTAIRE NOMMÉ PAR ARRÊTÉ DU 24 MARS 1906.

M. Lillaz, chef adjoint du cabinet du Ministre des travaux publics.

3° MEMBRES NOMMÉS PAR ARRÊTÉ DU 27 MARS 1906.

MM. Boudenoot, sénateur.

Basly, député.

Beharelle, député.

Delelis-Fanien, député.

Lamendin, député.

Reumaux, directeur général de la Compagnie des mines de Lens.

Martinier, trésorier payeur général du Pas-de-Calais.

Dubar, président du Syndicat de la presse républicaine départementale.

Annexe 4.

RÈGLEMENT POUR L'ATTRIBUTION DES SECOURS.

Art. 1er. Conditions générales de l'attribution des secours.

a. Sont admis au bénéfice des secours, dans les conditions fixées ci-après :

1° Les familles des ouvriers morts dans la catastrophe ou dont le décès en est résulté, ainsi que de ceux ayant succombé au cours des opérations de sauvetage subséquentes;

2° Les ouvriers qui, dans les mêmes circonstances, ont subi une incapacité de travail ayant fait l'objet de la déclaration prévue à l'article 11 de la loi du 9 avril 1898, ainsi que les familles de ces ouvriers.

b. L'attribution des secours est effectuée par foyer et basée sur la condition de fait de la famille dépendant de ce foyer : entrent en compte, pour cette attribution, toutes les personnes habitant avec la victime antérieurement à l'accident et étant à sa charge, ainsi que les descendants et les ascendants qui, sans habiter avec la victime, étaient cependant à sa charge au moment de la catastrophe. Les droits respectifs de chacune de ces personnes sont déterminés ainsi qu'il suit :

Art. 2. Secours aux familles établies en France d'ouvriers français ou étrangers ayant trouvé la mort dans la catastrophe ou au cours des opérations de sauvetage.

Le secours comprend :

a. Une allocation collective par foyer dont le chef a péri;

b. Des allocations personnelles accordées aux membres de la famille et calculées d'après le degré de parenté qui les unissait à la victime.

L'allocation collective du foyer est fixée uniformément à deux parts.

Les allocations personnelles sont déterminées d'après le barème ci-après :

1° Pour la femme	2 parts.	
2° Par enfant non orphelin de mère	1 part.	
3° Par enfant orphelin de mère	1 —	1/2
4° Par descendant autre que l'enfant	1 part.	
5° Par ascendant	1 —	
6° Par frère, sœur ou autre personne à la charge de la victime	1/2 —	

L'allocation collective du foyer est versée à la personne devenue, après la catastrophe, le chef de la famille ; les sommes distribuées en secours immédiats s'imputent, à titre d'acompte, sur cette allocation collective dont la valeur disponible, au moment de la répartition définitive, est, en conséquence, réduite du montant de ces sommes.

L'allocation personnelle du nouveau chef de famille est augmentée : d'une demi-part pour chaque enfant à sa charge et âgé de moins de huit ans ; d'un quart de part pour chaque enfant également à sa charge et âgé de plus de huit ans.

Art. 3. Secours aux ouvriers français et étrangers atteints d'incapacité de travail et aux personnes de leur famille établies en France.

a. Incapacité temporaire :

Le secours consiste en une indemnité fixée à 1 fr. 50 par journée d'incapacité ; cette indemnité journalière est majorée de 15 centimes par personne de la famille à la charge de l'ouvrier dans les conditions définies à l'article 1er, sans pouvoir dépasser la moitié du salaire intégral de cet ouvrier.

b. Incapacité permanente partielle :

Le secours est constitué par l'attribution à l'ouvrier d'un capital égal à deux annuités de la rente à lui allouée par application de l'article 3 de la loi du 9 avril 1898 ; chaque membre de la famille à la charge de l'ouvrier reçoit, en outre, une allocation personnelle égale au dixième du capital ci-dessus fixé.

Le secours total ne peut être supérieur au double de ce capital.

c. Incapacité permanente totale :

Le secours alloué à l'ouvrier est fixé à six parts : chaque membre de la famille à la charge de l'ouvrier reçoit, en outre, la moitié de l'allocation personnelle qui lui aurait été attribuée en vertu des dispositions de l'article 2, en cas de décès de l'ouvrier.

ART. 4. MODE DE PAYEMENT DES SECOURS.

Les indemnités journalières, pour incapacité temporaire, sont intégralement versées en espèces.

La partie disponible, au moment de la répartition définitive, de l'allocation collective attribuée au foyer est versée en espèces jusqu'à concurrence de 250 francs.

Les allocations personnelles attribuées aux ouvriers atteints d'incapacité permanente et aux membres des familles sont versées, au choix de l'intéressé, soit à la Caisse nationale d'épargne, soit à une caisse d'épargne autonome agréée par le Comité. Le reliquat de l'allocation collective du foyer, après le versement en espèces de la somme susindiquée de 250 francs, est ajouté à l'allocation personnelle du nouveau chef de famille et porté, en conséquence, au livret de ce dernier.

Les livrets sont incessibles. Les versements sont effectués à remboursement différé. En ce qui concerne les livrets pris au nom de personnes mineures, le payement de la somme déposée est fait à leur majorité, ou au moment de leur mariage si celui-ci a lieu avant cette majorité. En ce qui concerne les livrets pris au nom de personnes majeures, les retraits sont limités au chiffre maximum de 100 francs par mois; le premier retrait, pour le livret du chef de famille, ne peut avoir lieu avant l'expiration du délai de deux mois à partir de la date où a été effectué le payement de la part de l'allocation collective du foyer versée en espèces.

Si la somme à déposer à un même compte dépasse 1,500 francs, l'excédent au delà de ce chiffre est employé à l'acquisition de rente au nom de l'intéressé.

ART. 5. DISPOSITIONS EXCEPTIONNELLES.

Un dixième de l'ensemble des souscriptions est affecté à la constitution d'une réserve. Cette réserve est destinée à pourvoir au payement des allocations pour incapacité temporaire ou permanente partielle fixées par l'article 3, et à l'attribution des secours exceptionnels que justifieraient des situations particulières ou ne rentrant pas dans les prévisions des articles qui précèdent, notamment :

1° À des allocations aux familles établies hors de France des ouvriers étrangers victimes de la catastrophe; ces allocations sont fixées, dans chaque cas particulier, par le Comité qui statue au vu du dossier accompagnant la demande de secours;

2° À une indemnité de déplacement au profit des familles qui exprimeraient le désir de quitter la résidence qu'elles occupaient au moment de la catastrophe.

Éventuellement, le reliquat peut être employé à la création dans des établissements d'instruction, notamment dans des écoles professionnelles, de bourses au profit des enfants des ouvriers victimes de la catastrophe.

Ce règlement a été arrêté par le Comité central de secours dans sa séance du 4 mai 1906.

Le Président,
ÉMILE LOUBET.

Le Secrétaire général,
A. PICARD.

Annexe 5.

MODÈLE DU QUESTIONNAIRE ÉTABLI POUR LA FAMILLE DE CHAQUE VICTIME.

CATASTROPHE DES MINES DE COURRIÈRES DU 10 MARS 1906.

SECOURS AUX FAMILLES DES VICTIMES.

QUESTIONNAIRE.

Afin d'établir exactement la situation de famille du S^r ^(1) victime de la susdite catastrophe, Monsieur le Maire est prié de se concerter avec MM. le Représentant de la Compagnie houillère de Courrières et le Délégué de la caisse de secours ou, à défaut, le Délégué mineur, à l'effet de répondre au questionnaire ci-après :

Le Préfet, président du Comité de secours,
H. Duréault.

État civil de la victime.

Marié, père, veuf ou célibataire.
Nom de famille, prénoms et domicile de sa veuve.
Prénoms, âge, profession et domicile de chacun de ses enfants.
En cas d'orphelins de père et de mère, nom, prénoms, degré de parenté, domicile de la personne qui les a recueillis.

Ascendants de la victime.

Prénoms de son père [1].
Travaille-t-il encore ?
Nom de famille et prénoms de sa mère [1].
Genre de travail auquel elle se livre [2].

(1) En cas de décès dire : décédé.
(2) Soins du ménage ou...

Demeuraient-ils avec la victime?
Dans la négative, indiquer leur domicile.

Et alors :

La victime leur venait-elle en aide?

Grands-parents côté paternel.

Prénoms de son grand-père [1].
Travaille-t-il encore?
Nom de famille et prénoms de sa grand'mère [1].
Genre de travail auquel elle se livre [2].
Demeuraient-ils avec la victime?
Dans la négative, indiquer leur domicile.

Et alors :

La victime leur venait-elle en aide?

Grands-parents côté maternel.

Nom de famille et prénoms de son grand-père [1].
Travaille-t-il encore?
Nom de famille et prénoms de sa grand'mère [1].
Genre de travail auquel elle se livre [2].
Demeuraient-ils avec la victime?
Dans la négative, indiquer leur domicile.

Et alors :

La victime leur venait-elle en aide?

Ascendants de la veuve de la victime.

Nom de famille et prénoms de son père [1].
Travaille-t-il encore?
Nom de famille et prénoms de sa mère [1].
Genre de travail auquel elle se livre [2].
Demeuraient-ils avec la victime?
Dans la négative, indiquer leur domicile.

Et alors :

La victime leur venait-elle en aide?

[1] En cas de décès dire : décédé.
[2] Soins du ménage ou...

Grands-parents côté paternel.

Nom de famille et prénoms du grand-père [1].
Travaille-t-il encore?
Nom de famille et prénoms de la grand'mère [1].
Genre de travail auquel elle se livre [2].
Demeuraient-ils avec la victime?
Dans la négative, indiquer leur résidence.

Et alors :

La victime leur venait-elle en aide?

Grands-parents côté maternel.

Nom de famille et prénoms du grand-père [1].
Travaille-t-il encore?
Nom de famille et prénoms de la grand'mère [1].
Genre de travail auquel elle se livre [2].
Demeuraient-ils avec la victime?
Dans la négative, indiquer leur résidence.

Et alors :

La victime leur venait-elle en aide?

Ligne collatérale de la victime.

Prénoms, âge, profession et domicile de chacun des frères et sœurs de la victime.
La victime leur venait-elle en aide?

Fait à , le mars 1906.

Le Représentant *de la Compagnie de Courrières,*	Le Délégué *de la Caisse de secours, ou, à son défaut, le Délégué mineur,*	Le Maire,

OBSERVATIONS GÉNÉRALES.

[1] En cas de décès dire : décédé.
[2] Soins du ménage ou...

ANNEXE 6.

CONVENTION ENTRE LE COMITÉ CENTRAL DE SECOURS ET LE DÉPARTEMENT DU PAS-DE-CALAIS POUR LA FONDATION DE BOURSES À L'ÉCOLE DES MAÎTRES MINEURS DE DOUAI.

Entre les soussignés : M. Émile LOUBET, ancien Président de la République française, Président du Comité chargé par le Ministre de l'intérieur d'organiser les mesures d'assistance et de secours à prendre en faveur des familles des victimes de la catastrophe de Courrières,

Et M. TRÉPONT, préfet du Pas-de-Calais, agissant au nom du département,

Il a été convenu ce qui suit :

EXPOSÉ.

M. Émile Loubet rappelle que les cinq sociétés de courses parisiennes ont donné à Auteuil, le 5 avril 1906, une journée au bénéfice des familles des victimes de la catastrophe du 10 mars précédent. La recette s'est élevée à 135,889 francs et les cinq présidents ont fait part du désir exprimé par leurs sociétés respectives de voir cette somme affectée à une œuvre durable au profit des orphelins et des veuves des mineurs de la région du Nord.

Le Comité central de secours, examinant, le 14 juin 1907, les divers moyens de remplir exactement les vœux des souscripteurs, a reconnu que la meilleure solution consisterait, d'une part, à créer des lits dans divers hospices en faveur des veuves de mineurs de la région houillère du Nord et du Pas-de-Calais, de l'autre, à instituer des bourses dans des écoles professionnelles dont l'enseignement et les débouchés, convenant spécialement aux aptitudes d'une grande partie des enfants de ladite région, faciliteraient aux familles ouvrières le placement avantageux et l'avenir de quelques-uns de leurs enfants. L'École des maîtres mineurs de Douai lui a paru répondre particulièrement à cet objet en ce qui concerne les garçons.

Le Comité a décidé, en outre, que le reliquat de la souscription restant disponible, après le payement des allocations collectives ou personnelles, serait ajouté à la somme précitée de 135,889 francs pour être employé dans les mêmes conditions.

Mais le Comité étant nécessairement appelé à se dissoudre après la répartition définitive des fonds de la souscription ne saurait assurer le payement annuel des sommes nécessaires à ce double service; il doit en conséquence, pour assurer dans l'avenir la réalisation de l'intention des souscripteurs, charger plusieurs établissements publics du soin d'administrer et d'employer, conformément aux volontés ci-dessus exposées, ces fonds grevés d'une affectation spéciale.

Le Comité a décidé, par suite, en ce qui touche la création de bourses à l'École des maîtres mineurs de Douai, et sous réserve de la ratification des conseils généraux intéressés, de répartir la somme nécessaire à l'achat de quatre mille francs de rente entre les départements du Nord et du Pas-de-Calais, dans une proportion qui corresponde sensiblement au rapport existant entre les chiffres respectifs de la population minière des deux départements.

L'emploi de la somme revenant au département du Pas-de-Calais devra être fait ainsi qu'il suit :

CHARGES ET CONDITIONS.

ARTICLE PREMIER.

M. Trépont, préfet du Pas-de-Calais, agissant au nom de ce département, déclare accepter du Comité chargé d'organiser les mesures d'assistance et de secours à prendre en faveur des familles des victimes de la catastrophe de Courrières l'offre de la somme nécessaire à l'achat d'une rente de trois mille francs, aux charges et conditions suivantes qu'il s'oblige à exécuter et accomplir.

ART. 2.

Cette somme est destinée à assurer, à partir de 1907, la création à l'École des maîtres mineurs de Douai, de bourses d'internat au profit d'enfants appartenant à la population minière du département du Pas-de-Calais et autant que possible en faveur d'orphelins.

Ces bourses seront attribuées par le préfet sur une liste de présentation établie par une commission composée de quatre conseillers généraux désignés par leurs collègues, de l'ingénieur en chef des mines du département et de l'inspecteur départemental de l'assistance publique.

Cette commission sera présidée par le plus ancien des conseillers généraux qui en feront partie; il aura voix prépondérante en cas de partage.

La liste comportera un nombre double de celui des boursiers à désigner.

ART. 3.

La somme faisant l'objet du présent contrat sera placée, dès qu'elle aura été encaissée par le département, en rente 3 p. 0/0 sur l'État avec mention, sur l'inscription, de la destination des arrérages.

ART. 4.

Les arrérages qui n'auraient pu être employés au payement des bourses, faute de candidats admissibles, seront réservés pour recevoir ultérieurement la même affectation.

ART. 5.

Les frais auxquels pourra donner lieu le présent acte demeurent à la charge du Comité de secours.

ART. 6.

La convention ci-dessus n'aura d'effet qu'autant qu'elle aura été ratifiée par le Conseil général du département du Pas-de-Calais.

Fait à Paris, le 9 novembre 1907.

Le Préfet du Pas-de-Calais,

Signé : TRÉPONT.

Le Président du Comité central de secours,

Signé : ÉMILE LOUBET.

Annexe 7.

CONVENTION ENTRE LE COMITÉ CENTRAL DE SECOURS ET L'HOSPICE DE LENS POUR LA FONDATION DE LITS À CET HOSPICE.

Entre les soussignés, M. Émile Loubet, ancien Président de la République française, Président du comité chargé par le Ministre de l'intérieur d'organiser les mesures d'assistance et de secours à prendre en faveur des familles des victimes de la catastrophe de Courrières,

Et M. Émile Basly, député, maire de Lens, agissant au nom de la Commission administrative de l'hospice de Lens, en vertu de la délibération en date du 6 juillet 1907,

Il a été convenu ce qui suit :

EXPOSÉ.

M. Émile Loubet rappelle que les cinq sociétés de courses parisiennes ont donné à Auteuil, le 5 avril 1906, une journée au bénéfice des familles des victimes de la catastrophe du 10 mars précédent. La recette s'est élevée à 135,889 francs et les cinq présidents ont fait part du désir exprimé par leurs sociétés respectives de voir cette somme affectée à une œuvre durable au profit des orphelins et des veuves des mineurs de la région du Nord.

Le Comité central de secours, examinant, le 14 juin 1907, les divers moyens de remplir exactement les vœux des souscripteurs, a reconnu que la meilleure solution consisterait, d'une part, à créer, en faveur des veuves de mineurs du Pas-de-Calais et du Nord, des lits dans les hospices d'Arras, de Lens et de Saint-Amand, situés dans les régions houillères et possédant encore des locaux disponibles, et, d'autre part, à instituer des bourses à l'École des maîtres mineurs de Douai, dont l'enseignement et les débouchés faciliteraient aux familles ouvrières l'avenir de leurs enfants.

Le Comité a décidé, en outre, que le reliquat de la souscription restant disponible, après le payement des allocations collectives ou personnelles, serait ajouté à la somme précitée de 135,889 francs pour être employé dans les mêmes conditions.

Il a considéré enfin qu'il convenait de répartir les sommes ainsi affectées, dans une proportion correspondant sensiblement au rapport qui existe entre les chiffres respectifs de la population minière des deux départements; il a décidé, par suite, de fonder une douzaine de lits dans les hospices d'Arras et de Lens (Pas-de-Calais) et quatre lits dans l'hospice de Saint-Amand.

L'emploi de la somme revenant à l'hospice de Lens devra être fait ainsi qu'il suit :

CHARGES ET CONDITIONS.

ARTICLE PREMIER.

La Commission administrative de l'hospice de Lens (Pas-de-Calais) déclare accepter du Comité chargé d'organiser les mesures d'assistance et de secours à prendre en faveur des familles des victimes de la catastrophe de Courrières :

1° Un titre de rente trois pour cent sur l'État de deux mille quatre cent dix francs (2,410 fr.),

2° Une somme de mille huit francs (1,008 fr.),

aux charges et conditions suivantes qu'elle s'oblige à exécuter et accomplir.

ART. 2.

Cette rente, qui sera immatriculée au nom de la Commission administrative de l'hospice de Lens, avec mention, sur l'inscription, de la destination des arrérages, servira à assurer, dans le plus bref délai possible, la fondation audit hospice de quatre lits au profit de veuves appartenant à la population minière du département du Pas-de-Calais.

Le dixième des arrérages de cette rente sera capitalisé pour être placé de la même manière.

La somme de mille huit francs (1,008 fr.) sera consacrée à l'achat de quatre lits et des autres accessoires constituant le matériel de premier établissement.

ART. 3.

Ces lits seront attribués par le préfet sur une liste de présentation établie par une commission composée de quatre conseillers généraux désignés par leurs collègues, de l'ingénieur en chef des mines et de l'inspecteur départemental de l'assistance publique.

Cette commission sera présidée par le plus ancien des conseillers généraux qui en feront partie; il aura voix prépondérante en cas de partage.

La liste comportera un nombre double de celui des bénéficiaires à désigner.

ART. 4.

Les frais auxquels pourra donner lieu le présent acte demeurent à la charge du Comité de secours.

ART. 5.

La convention ci-dessus n'aura d'effet qu'autant qu'elle aura été ratifiée par le préfet du département du Pas-de-Calais.

Fait à Paris, le 20 décembre 1907.

Pour la Commission administrative de l'hospice de Lens,

Signé : BASLY.

Le Président du Comité central de secours,

Signé : ÉMILE LOUBET.

TABLE DES MATIÈRES.

ANNEXES.

www.ingramcontent.com/pod-product-compliance
Lightning Source LLC
Chambersburg PA
CBHW070948280326
41934CB00009B/2037

* 9 7 8 2 0 1 4 0 6 6 8 9 0 *